ISHII YUKARI

石井緣

金牛座

TAURUS

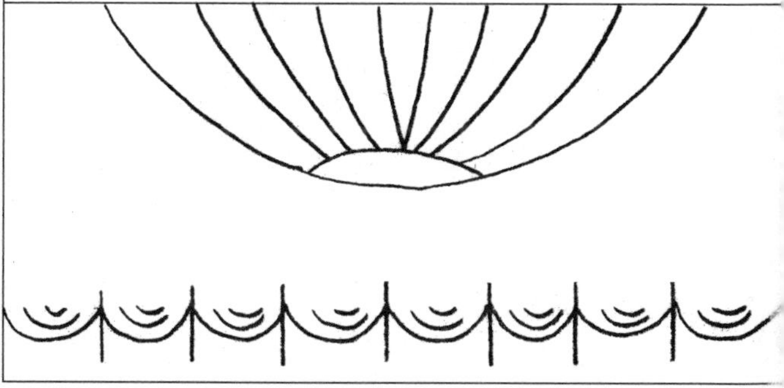

作者／石井緣（Ishii Yukari）

作家。撰寫星座相關訊息與散文，以獨特的文體在不分年齡層的讀者間擁有高人氣。

二〇一〇年設立網站「鍛鍊肌肉」（筋トレ）。充滿情感的文章說明每年與每周的十二星座占卜，點擊率高達七千二百萬人次。

二〇一二年所出版的「十二星座系列」（WAVE出版）銷售超過一百二十萬冊。

另著有《禪語》（PIE International）、《獻給所愛的人》（幻冬社Comics）、《讀夢》（白泉社）等作品。

譯者／陳令嫻

輔仁大學日本語文學系、東京學藝大學研究所畢業，專攻平安朝女流文學，碩士論文爲「《更級日記》における夢」（《更級日記》中的夢）。興趣廣泛，舉凡日本古典文學中的夢到「婚活」、日本社會中的外籍勞工均有關注。譯有《神的記事本1》（角川書店）、《向日葵爸爸》（博漫）等書。現居日本，身兼主婦、外語部門編輯、譯者和生活觀察家數職。

石井緣的星座定義

本書說明占星學中，屬於「金牛座」的人住在什麼樣的世界。關於十二星座占卜，的確有人批評：「世界上有這麼多種人，怎麼可能只分成十二種性格！」我也覺得這批評理所當然。

但是十二星座其實不是單純「把人類分成十二種的性格占卜」，正確來說，是將十顆星體放在名爲十二星座的地圖上，詳細分析每顆星體的機能和關聯，並非個性分類如此單純的解釋。

「你是金牛座」代表：「你出生的時候，天上的太陽位於金牛座的位置」，至於占星術中所使用的其他星體、月亮、金星和水星等則位於其他地方。占星術不會忽略一樣都是「金牛座的人」，其實具備各種不同的性格一事；人其實是由各種要素所構成，甚至包含許多相互矛盾的要素。

但是正如大家所知，太陽系當中最大的星體是太陽，甚至可以說，最重要的星體就是太陽。從最重要的太陽位置分析個性和形成基調的特徵，就是根據太陽位置解讀的十二星座占卜。

十二星座是區分天空的地圖，象徵十二個「地方」或「國家」。占星術所使用的十顆星體——太陽、月亮、水星、金星、火星、木星、土星、天王星、海王星和冥王星，依序在十二個國家之間旅行。這些星體都有一個代表的神祇，象徵它們被擬人化；這些神祇拜訪所謂十二星座的國家時，會「入鄉隨俗」地使用當地的語言和將當地的「風俗習慣」帶進自己的個性。

記載一個人出生時，十顆星體位於哪些星座附近的圖面就是星座命盤。你出生的時候，強壯美麗又閃閃發光的太陽神說著金牛座的語言，如同金牛座一般行動。因此，你的生活方式具備「金牛座太陽」的光輝。

本書重點在說明太陽星座的影響，忽略其他星體。因此你可能會覺得很多說明並不符合自己，但占星術認爲金牛座的太陽神一定位於你人生某處。

★星座的交界★

太陽每年都會在同一時期進入相同位置。因此只要生日一樣，就算年齡不同也都屬於「金牛座」。但是出生於星體移動交界處的人，卻不盡然能以此種方式定義星座。

出生於交界處的人可以根據出生年月日和時間，確認自己的太陽星座。請參考本書最後太陽星座查詢表。

Contents

目錄

金牛座

金牛座的風景

金牛座是十二星座當中第二個星座。

如果金牛座前的牡羊座位於「開始」的位置，象徵來到人世間的階段，金牛座代表的就是出生之後所做的第一件事——那就是運用手腳耳口，徹底探索四周。

手指撫摸確認，把一切放入口中確認「這個沒問題」；金牛座的結構中，包含這種衝動。但是這並不代表金牛座的人像小孩一般沒有規矩，而是以「感覺」爲基準在生活。「那個人憑感覺發言」隱含「那個人發言很含糊」之意；但是「感覺」原本並非代表含糊，反而是不可動搖的基準。

滾燙的東西就是滾燙，冰冷的東西就是冰冷；美味可口和香味的感覺無法敷衍眾人。無論怎麼說明，不好吃的東西就是不好吃；摸起來「硬邦邦」的石頭，過了一天摸起來也還是「硬邦邦」。

對於自己而言，最值得信任的基準就是感覺。

金牛座的世界其實很豐富。

金牛座的世界充滿美麗的色彩、舒適的布料、眞正有價值的物品和柔軟的事物。他們喜歡收集、收藏、品味、享受，和打從心底珍惜這一切。同時金牛座也是掌管「口腔」的星座，說話又慢又長；具備多樣的字彙，彷彿品嘗食物般透過口腔享受語言。

喜愛品嘗美食，喜愛製作美食，喜愛音樂，喜愛香氣，喜愛形狀，喜愛顏色。有時候連美麗提包的縫線和古老茶碗的裂痕都是金牛座喜愛的對象。同時他們的愛不會加快也不會減速，如同時鐘的指針刻畫安定的節奏。

金牛座的世界具有一座永遠正確的時鐘，不會受到外界影響。位於世界正中心的城堡當中有一座非常龐大的時鐘，發出巨大穩重的聲音，不快不慢地刻畫一定節奏。節奏雖然緩慢，卻不會停下腳步。

有時候其他星座的人會依靠這份穩定的節奏。拜訪金牛座世界的旅人待在這裡時會自然配合節奏生活，覺得安心舒適。

金牛座世界的時鐘無論如何催促和打擾，都絕對不會受到影響。這個時鐘不僅不會受到外界影響，反而會影響外界。金牛座的你之所以對於其他人而言是優秀的心律調節器和節拍器，理由就在於此。

金牛座世界的另一個特徵是「集中」。他們會全心投入喜愛的事物，不會因爲其他事物而分心。有些人認爲金牛座的人認眞誠實，其實理由不在於道德的規範，而是因爲「集中」的習性。

金牛座若同時喜歡好幾種事物，關注很多面向，那是因爲他們正在尋找「可以全心投入」的對象。只要找到眞正喜愛的事物，就不會再分心。

金牛座的分類

站在占星術的角度，十二星座又分爲好幾個象限。透過瞭解「這個星座和其他星座有哪裡不一樣呢？」可以定義星座的個性與特徵。

接下來介紹金牛座所屬的幾個象限。

首先，十二星座可以以「四季」區分。

金牛座是春天的星座。

牡羊座、金牛座和雙子座屬於春天的星座。牡羊座象徵「春天的開端」，金牛座象徵「春日正盛」，雙子座象徵「春天轉變爲初夏」。

金牛座管轄的正是春天最為閃耀的時刻，櫻花和野花盛開，綻放各種色彩。此時的花蜜最為可口，白粉蝶頻繁地交配，播種的穀物也逐漸成長，最是豐富的季節。

此外，十二星座又建立於古代希臘世界「四大元素」的思想。四大元素分別是火、土（大地）、風（空氣）和水。

火代表如同閃電的「直覺」；土代表接觸實際事物的「感覺」；風代表處理關係的「思考」和水代表連結人與人的「情感」。

金牛座在此屬於「土象星座」。

金牛座的世界最重視觸覺、味覺、視覺、聽覺、嗅覺等五感。此外，「有價値的物品」也屬於土象星座的管轄。所謂「依靠雙手工作」的工匠和需要專業技術的工作都和土象星座有關。需要優秀五感的音樂和美術等藝術領域，也與土象星座具有深厚的關係。

黃金、白金、鑽石等來自大地的礦物和寶石，位於土象星座的支配之下，由此衍生的金融、保險等處理有價物品的範疇，也和土象星座關係匪淺。

十二星座又可分為「白晝星座和男性星座」與「夜晚星座和女性星座」。金牛座在此屬於「夜晚星座和女性星座」。

這裡的「男性星座」與「女性星座」和文化上的「男性特質」與「女性特質」有些許不同。男性星座和女性星座分別象徵「邏各斯（理性、切割）」和「厄洛斯（關係、結合）」。例如男性星座的力量類似「專家」，女性星座的力量代表「管理、通才」；男性星座偏向「成果主義和相對評價」，女性星座偏重「絕對評價與能力評價」。男性星座象徵斷然行動的父性，女性星座象徵包容的母性。所謂「縱向行政」等切割、集中的力量屬於男性星座，「橫向聯繫」等穿越屏障交流的能力屬於女性星座的管轄。

金牛座屬於女性星座，具備彙整、融合和超越阻隔的能力。

占星術根據古老的認知方式，而現代人認知事物時依舊受到古代的影響。這個認知方式就是「類似」。人類根據何者相似進而發掘意義與關聯，進行歸類。

金牛座的象徵「金牛」，是安穩地坐在大地上的形象。獅子座和牡羊座等以「四隻腳行動的動物（獸類）」為代表的星座，相較於天秤座（手持天秤的女神）和處女座等形象為人類的星座，較為不加矯飾與純樸。金牛座也許是因為從容不迫和悠哉的態度，形象比起其他「獸類星座」更加美麗沉穩。

屬於金牛座的地點

牧場、安定的環境、平坦的環境、草地、經常細心照顧的農地、地下室、儲藏室（例如酒窖等等）、天花板低矮的平房。特別是小麥田或玉米田等農田景色和金牛座豐饒的形象重疊。

金牛座所管轄的地點是呈現金牛座所象徵的豐饒，和如同字面所示般，「牛」會喜歡的地點。

金牛座的人位於這種環境之下，可以自然感受到自己原本具備的才能和適合自己的生活方式。

過於人工的環境、無法感受大地與自然氣息的環境、遠離地面的高樓大廈，應該無法貼近金牛座的心靈。

金牛座的人在五感無法感受扎根於大地的素材包圍之下，應該無法獲得平靜沉穩的心境。

屬於金牛座的顏色

金牛座象徵的是白色與檸檬黃混雜的顏色。

春天的星座顏色都帶有「白色」。這也許是因為白色象徵春天的純粹與嶄新。

此外，金牛座與金星息息相關，金星的代表色是白色和紫色。站在森林中，伸手迎向春天的天空。風景中所呈現的淡藍色、咖啡色和綠色也都是屬於金牛座的顏色。

金牛座的人多半具有優秀的色感。金星是象徵美的星星，所以所有美麗和纖細的顏色都屬於金牛座。

另外，金牛座的神話是「神明化身為美麗的白色公牛」；金牛座的代表顏色「白色」，也許是來自這個神話也不一定。

其他屬於金牛座世界的事物

披肩。

蛋糕、點心、甜食、美味的食物、料理。

美麗的庭院、盆栽、種花、插花。

樂器，特別是長笛和小號等吹奏樂器。

唱歌、播報、語言、緞帶、布料、荷葉邊、粉彩色系、可愛。

鈕扣、馬克杯和盤子等各種器皿。

穀物、金塊、硬幣、金融、儲蓄、收藏品。

鋼琴、項鍊、短項鍊、有領子的衣服。

技術、工匠、巧手、創作、工作、裝飾、名牌。

這一切都是金牛座國的國民。
屬於金牛座的你也和它們住在同一個國家。

金牛座的價值觀

金牛座的人喜歡帶給五感愉悅的事物。此外，希望能提升自己的價值，並且會爲了獲得提升價值的物品而努力。

金牛座的人視自己、戀人和孩子爲自己的寶物。喜歡在腦中「儲存」知識和語言，儲存後還能純粹直接地取出使用。

金牛座的價值觀建立於具體的物品、物質和現實世界具備力量的物品。他們不喜歡空談，也深切瞭解一點一滴努力的意義。此外，只要認定是「好」的目標就能不斷持續。金牛座的價值觀不是「收集很多東西」，而是「收集絕對良好的一種東西」。

許多金牛座的人都有喜歡的品牌。只要認定某種物品的價值，就會堅持。金牛座的方針是好東西就是好東西，好東西的價值永遠不會改變。

如果品質有問題或是不符喜好，就算是喜歡的人送的禮物，金牛座的人也會直言不諱。就算口頭上不說，也會顯露在臉上。光是誠心，不足以讓金牛座的人開心，必須給他們眞正優質的物品。

經濟狀況不安定會造成金牛座的人精神上不安。

物質方面的安定對於金牛座的人是不可或缺的條件，金牛座的人會努力獲得經濟方面的安定。有些金牛座的人在剛開始陷入窮困的景況時，反而會爲了消除不安而購買大量物品。金牛座的人並不小氣，但是非常重視物質，因此許多金牛座的人都是富豪。金牛座喜歡安全與安定，不會一開始就自行創業。雖然不至於到「大樹底下好乘涼」，多半還是從任職大企業或考上公務員等安定的位子開始「修行」。具備的毅力足以引領「修行」邁向成功。

金牛座的人最忌諱的就是反覆無常。就算身居苦境，也不會想要改變。對於金牛座的人而言，就算辛苦也比改變好，或是一開始就不會想到要「改變」。但是金牛座的人只要下定決心要改變，就絕不會半途而廢；要變就變得徹底，不變就一直不變。金牛座的原則就是根據這種「不變」。

金牛座的人中立公平，不會把事物複雜化也不會背叛他人。雖然個性頑固，不肯輕易改變意見，卻不可思議地「坦率」。如果受到感動就會完全依循對方所說，單純地信任對方。只要認定對方「好」，就會忠誠地跟隨對方。儘管情緒安定，卻容易感動。感動到某一個程度，就會變成「感化」。

金牛座的人只要被「感化」就會比誰都投入，如果是假貨也能馬上發現。由於充滿耐力和毅力，有時候就算疑惑也會一直拖拖拉拉地持續。

金牛座的人基本上會認眞反覆進行自己認定的事物，最終認定的價值一定非常堅固，毋須擔心生鏽或破損。金牛座的世界絕不可能發生容易獲得、輕易拋棄這種事情。

金牛座的行爲模式

淡泊的金牛座不太會勉強自己率先領導大家前進。

但是金牛座値得信賴的審美觀和穩定的形象，實際又充滿說服力的判斷能力自然會吸引周遭的信賴。此外由於擅長計算，不知不覺成爲領袖的情況也不在少數。

金牛座的人願意花時間做好一件事。

由於步調太慢，有時候甚至會被誤會「沒有幹勁」。其實金牛座的人相信自己一定能完成，因此不會產生「可能無法完成」的不安或懷疑。就算耗費許多時間，最後也一定會完成。緩緩前進不是因爲無心做事，而是就需要這麼久的時間。其他人覺得「怎麼做都做不完，算了」的時候，也能堅持到最後。

金牛座的「憤怒」眞的會「震懾」衆人。多數的金牛座個性溫和，不太會注意自己的怒氣。但是如果察覺自己的怒意，就會展現無人能阻擋的激烈態度攻擊對方和拒絕一切。然而他們不太會發現自己的怒氣帶給對方無比的震撼。

金牛座生氣時就算只是因爲對方的行爲而憤怒，有時會讓對方誤解爲「被金牛座討厭」。儘管不會因爲生氣而厭惡戀人或孩子，卻容易招致對方誤會。金牛座請記得，吵架和好時，告訴對方「我不討厭你喔」是非常重要的。

金牛座Tips

金牛座是「擁有」的星座。

基本上金牛座的人喜歡物質，喜歡買東西，也喜歡送東西和買土產。送禮的時候比起「對方想要的東西」，更喜歡挑選「自己想要的東西」。對於物品的好壞也是誠實到純眞的地步，有時候會毫無惡意地自己挑選「最好的東西」，把「尙可」的東西送給其他人。

但是金牛座的人不是基於貪心或小氣，而是近乎無意識地做出這種行爲。平常的金牛座是「好東西也想和其他人分享」的大方星座。

金牛座的人具備良好教養，敏銳的審美觀，足以判斷具有價值的文化、藝術和知識。雖然不喜歡新的事物，但是不會拒絕良好技術和有品味的新人作品。評價時不會受到年齡與頭銜影響，確切觀察工作或作品「本身」。信賴自古以來的價值與傳統，重視權威。但是如果看不出名家作品價值，也會直率評論：「雖然是名家之作，不過這次表現不好。」

金牛座的人直截了當地接受與喜愛物品原先的美好，不會進行奇怪的加工或添加奇妙的創意。喜歡基本、傳統和保守，對於只是帶來驚訝與引人注意的新奇事物沒有反應。許多金牛座的人從小到大都不會改變嗜好。

選擇時由於只注重物品「本身」，因此有時會打亂整體的平衡。

重視樣式時比誰搭配得都完美，沒有確立形式時卻可能會因為過度重視局部而忽略整體。例如手機上懸掛過多的吊飾而難以使用，或是毫不考慮衣櫥裡的衣服而買了喜歡的襯衫等，具有忽視關聯性的傾向。

金牛座厭惡的事物

金牛座的人討厭「沒有內涵」的事物。此外，也不擅長應付難以理解的嶄新事物、前所未見的事物和快速的變化。

面對寒冷、炎熱、疼痛、潮溼和空腹等不快的狀態，也無法長時間忍耐。雖然任何人都不喜歡上述的狀態，但是金牛座對於身體的不舒服特別敏感。身體與心靈相通，身體不舒服馬上影響心情；因爲善於忍耐，不去刻意處理的結果，就是由身體不適直接轉變爲不快的情緒。

金牛座的人不喜歡處理一時不便的替代品。如果不是眞心喜歡，就算生活有些不便也不願意購買需要的生活器具。金牛座的人也不喜歡醜陋的物品和不成套的物品。比起便宜貨，他們覺得原價的商品「品質比較好」，因此也不太喜歡暢貨中心。

有些金牛座的人不擅長丟棄或整理。就算是不需要的物品也會覺得「有一天用得上」，或是單純討厭「丟東西」。因爲不擅長選擇，不知如何選擇的結果就是「兩個一起買」。

金牛座的人下定決心就能勇往直前，但是卻不擅長「做決定」。腦袋知道結論如何，也還是要花點時間才能下決定。受到催促反而會加長迷惘的時間。

此外，金牛座的人個性遲鈍，不善於察覺別人的情感。

聽起來像是缺點，其實並不盡然。金牛座的遲鈍是不會因爲影響他人情緒而導致自己也動搖。他們的情緒只屬於自己，以自己的情緒爲中心。因此遲鈍反而是讓周遭安心與守護周遭的力量，周遭不安定的情緒不會影響金牛座，因爲具備安定自己的力量。對於軟弱和疲憊的人而言，溫柔從容又不會因爲小事而動搖的金牛座，是非常值得信賴的存在。

讓金牛座自在與侷促的地點

金牛座的人喜歡可以帶給五感舒適刺激的環境。美觀的室內裝潢、觀葉植物、繪畫和花朵所裝飾的空間，可以滿足金牛座的心靈。無趣實用的景色會令金牛座的精神極度疲倦與情緒變得尖銳。氣味也很重要，除此之外，溫度還必須控制得恰到好處。

然而光是美麗的空間還不足以滿足金牛座的人。金牛座會無意識地希望空間具備「生活的痕跡」，必須有人在此生活的感覺。有點雜亂和平日累積的生活氣息能讓金牛座感到安心。

金牛座的人厭惡遠離大地的空間。

他們應該不會住在幾十層樓高的大廈，古書上說金牛座的人喜歡「天花板低矮的平房」。比起簡單乾淨的環境，更喜歡雜亂。冰冷的清水模不符合金牛座的感性。缺乏綠意的環境和看不見大地的環境也不屬於金牛座。此外，比起海洋和河川，更喜歡山地和草原。相較於搖晃不定的環境，平穩安定的環境更加適合金牛座。

當金牛座戀愛時

金牛座的戀愛是「來得慢也去得慢」。

金牛座的人不易察覺別人對自己的好感，對於自己內心的感覺也很遲鈍。對於「我眞的喜歡那個人嗎？」甚至會一直保持疑問。

但是只要眞的「喜歡」上對方，金牛座的感情就不會輕易動搖。金牛座的情人最爲誠實。雖然不會展現激情和熱切表現愛意，但是深深扎根於內心的愛情不會因爲一點小事而消失。幾乎不會厭倦，分手之後也會復合。

金牛座戀情的「第一步」通常是從經濟能力、社會地位或外表等表面的理由開始，可以說是「重視外表」的星座。但是隨著交往時間流逝，對方是否「內心堅強」和「可靠踏實」就會變得越來越重要。金牛座對於戀人的標準，會轉變爲是否依照自己的方式踏實生活或是否值得信賴。

金牛座會將占有慾帶進戀情。如果覺得對方屬於自己，就會變得容易嫉妒和想要掌握對方的一切。害怕失去對方的不安會化爲恐懼，因而想去監視對方。恐懼會造成金牛座的人想要束縛對方。

金牛座同時也具備肉體關係的深厚力量。由於害怕失去性的連結，因此會對於戀人過度執著。有些金牛座的人會因爲過於害怕失去對方，一戀愛就想結婚。

但是受到金星保護的金牛座也具備享受戀愛的能力，就算結婚好幾年也有可能會突然再度愛上對方。

當金牛座沮喪時

金牛座的「沮喪」通常和責任感有關。

失敗或悲傷時，金牛座的人總會反省自己的行動或過去「哪裡出了問題」。因此多半會不停地責備自己，或是認爲「都是某人不好」而責備對方。

金牛座的人覺得「錯誤都在自己身上」的時候，就很難往前邁進。就連沮喪的時候，金牛座的人都會反覆咀嚼沮喪的情緒。

金牛座的人擺脫沮喪的方式非常不可思議。不需要任何人的激勵或改變情況，金牛座的人就能「自然而然」地擺脫沮喪。擺脫的方式非常奇妙，彷彿沒有發生過任何事情一般平靜地恢復精神，回復平日沉穩的表情，自己也無法說明爲何發生如此「變化」。

無論如何說服或當事人如何努力都無法擺脫情緒的低落，卻在某一天就自然而然地走出陰霾。睡眠對於「擺脫」陰霾的影響非常巨大。有時光是睡了一覺，金牛座的人就會覺得心情已經轉變。

安慰沮喪的金牛座最好的方法就是準備可以讓他們安心的環境，讓他們靜靜地冷靜。一起品嘗美食也是很重要的方法。鼓勵的話語和對他們說教：「沮喪也沒用」，不會有什麼效果。告訴金牛座解決方式，恐怕他們也聽不進去。刻意避開沮喪的原因或課題，準備刺激五感的餐點、音樂、光線和香氣，心情就會逐漸轉變。

聆聽金牛座的抱怨非常重要。如果他們開始傾訴，不要阻止他們；仔細傾聽他們如同音樂般流瀉出來持續的訴苦，就能發現他們的表情逐漸開朗。

不刻意勉強金牛座，可以逐漸安撫他們沮喪的心靈，金牛座之所以沮喪的其中一項理由就是「厭惡改變」。調整其他條件讓他們「得以安心」，就能支持他們振作面對改變。

讓金牛座發揮才能

強烈的責任感、毅力和不會因為小事而動搖的安定。

十二星座當中就屬金牛座最具備上述的能力。

金牛座的人只要接受任務，就能當作自己的工作不斷持續下去，這點沒有人比他們更值得信賴。金牛座的人能夠注意所有細節，平穩地挑選最為確實的方法前進。他們想出的點子不會偏離現實，也不會只動口而把工作丟給別人。自己動手執行，目不轉睛地監視現場。

此外，金牛座的人還有一項了不起的才能，那就是豐富的感官。

十二星座當中就屬金牛座最擅長掌握和處理世界一切美麗的

事物。金牛座的人能夠敏銳地感受色彩、聲音、氣味、觸感，並且使用各種方式重現一切。這項才能可以活用於藝術或是體育等各種領域，同時也能發揮於家庭生活。對金牛座而言，創造舒適的居家環境和生活再自然也不過。有時候甚至無法理解自己輕易就能做到的事，爲何對於其他人是如此困難。

世界上存在許多肉眼無法確認的事物，例如溫柔、愛情、慈悲、憐憫，和人類不可思議地陶醉於日出日落的情感。金牛座的人可以將這一切「可視化」。

根據傳說，基督教的聖人路加是第一個畫下聖母馬利亞的人。金牛座自古以來就和聖人路加具有深厚的關係。聖母馬利亞象徵愛情、拯救和慈愛。把這一切化爲形象，也就是畫成「畫」的人，正是路加。

金牛座的人都具備如同路加的才能。肉眼無法看見的「好東西」，能透過金牛座轉變爲可視可觸的物品。

金牛座的人光是存在就能讓周遭的人覺得安心。因爲金牛座的人瞭解何處是能夠緩和不安緊張情緒的安全場地，同時也相信自己的判斷與選擇。金牛座的人之所以能醞釀出令人安心的氛圍，也許是因爲懷抱「這一定不會錯」的感覺。

金牛座失敗的傾向

金牛座的後悔多半來自於「拒絕改變和變化」。

金牛座的缺點就在於應該改變時無法改變的奇妙慣性。特別是感到憤怒或恐懼時所做的決定，經常導致金牛座的人日後懊悔，憤怒和恐懼時容易做出太過或愚蠢的決定，但是金牛座的人只要下定決心就無法改變。

金牛座的「決定」不僅是感情，也是自尊。

金牛座的人自尊心強，討厭輕視與蔑視。只要受過一次傷，關係就難以恢復。容易因此失去重要的事物，因而不斷嘆息。

明明是擔任不適合的工作或是和合不來的朋友交往，卻不願意改變。明明陷入一張開嘴巴就會發出呻吟的痛苦狀態，卻還是不願意主動解決問題。

金牛座的人經常因爲不願意改變或是害怕改變而一直身陷於困境之中。

金牛座最大的弱點就在於，頑固地封閉自己和過度害怕改變而無法擺脫痛苦。對於金牛座而言，「中途改變」、「果然還是得放棄」和「轉變心情」是人生中有時必須跨越的障礙。

建議金牛座的人碰壁的時候，聆聽尊敬的朋友或長輩的意見。其實這也是基於不可思議的理由。他們雖然會陷入如同永凍土般的頑固，但是也會突然像孩子一樣老實地聽從別人的建議。這項不可思議的優秀才能，不會總是在金牛座希望的時候冒出來，但是卻會在重要的時刻突然出現。

金牛座的魅力和體質

金牛座負責的部分是「口腔、喉嚨」，另外還包括「手」。因此很多金牛座的人聲音好聽，或是脖子細長。領子漂亮的衣服或是重點在於脖子的打扮格外適合。

健康方面也是必須注意這幾個部分。身體不適時容易長出鵝口瘡，感冒的症狀也多半從喉嚨開始。

支配金牛座的星星

支配金牛座的星體是「金星」。金星象徵愛情、女性特質、快樂、喜悅、美麗、兒童、豐富、可愛、開朗、撒嬌、依賴、樂觀等等。金星在神話的世界是「維納斯」和「愛芙羅黛蒂」，也就是美之女神。金牛座的世界充滿這些要素。天性樂觀，懂得享受，充滿創造力，具備創造美麗事物的能力。

金牛座的人具備積極的「悠哉」。彷彿春日陽光的溫暖氣質是你的魅力，所有人都會因爲和你在一起很舒服而歡迎你。

金牛座的神話

很久以前，有一位名叫「歐羅巴」的美麗女子。天神宙斯受到歐羅巴的吸引，想把她納爲己有。

宙斯爲了避免純眞年輕的歐羅巴起疑，變身爲一頭純白的美麗公牛。歐羅巴接近美麗的公牛，與公牛嬉戲時跨上公牛的背部。公牛馬上衝往海邊，毫不遲疑地擄走歐羅巴。飛越海洋的公牛抵達遙遠的地方，與她生下孩子。

宙斯擄走美少女歐羅巴之後所抵達的土地，最後就以她的名字命名爲「歐羅巴大陸」（歐洲）。

故事中的關鍵在於「美」。

絕世美少女歐羅巴的美貌與純白公牛閃閃發光的美麗外表，是故事的重點，故事中「美」的條件跨越人類、神明與動物的界線。超越一切的美，形成金牛座的形象。

許多宗教的教義都規範「華美是罪惡」。美麗與豐富經常伴隨罪惡，因此人類必須戒慎小心。內心之美更勝於外在之美。

許多宗教也禁止崇拜偶像。

無論是建設許多美麗教堂的基督教、創造無數佛像藝術的佛教，還是具備如同寶石般耀眼的阿拉伯式花紋與清眞寺的伊斯蘭教，全都主張「神佛不應以物質或形象表現」。

但是人類從古到今都不惜耗費材料與時間，持續創造美麗的教堂、佛像與清眞寺。

這究竟是爲什麼呢？

我認爲這應該是因爲人類內心深處認定「善良」等於「美麗」。

據說外表美麗的人比起醜陋的人更容易獲得信任。這種說法的確沒錯。如果重大犯罪的主嫌是俊男美女，許多人也會無意識地說出：「這麼好看的人居然……」此外，無論什麼時代，美麗的偶像總是吸引衆人的目光。

善良與美麗在金牛座的世界當中具備相同的意義，一同盤據於金牛座的世界。例如現在依舊形象良好、深受喜愛的女演員奧黛麗・赫本，不僅是美麗的象徵，也是善良的代表。她退休後，擔任聯合國兒童基金會的親善大使。她所具備的「善良之心」也是受到衆人愛戴的原因之一。想必大家是在她青春時澄淨的美貌之中，發現善良的存在。

五感的感受與善惡觀念原本毫不相干。可是我認為人類其實是徹底運用五感，理解善惡與眞假等觀念。例如黑色代表罪惡與死亡，白色代表善良與純粹，玫瑰色代表愛情與喜悅，紅色代表熱情，金色代表華麗。人類對於顏色具有某種程度的共通概念。中國人認爲紅色是「吉祥的顏色」，歐洲人認爲藍寶石的藍色是「誠實」的象徵。「溫暖的心」和「豐富的生活」等無法以手觸摸確認的事物，人類卻用只有碰觸才能明白的方式形容。

我們不自覺地將意義、價值、思念和關係與身體的感覺連結。但是在一切都資訊化、數量化和資料化的現代社會，卻經常忽視頭腦的認知與身體五感的連結。

但是金牛座的人明瞭五感的重要。

人類憑藉身體而生，美麗、舒適的觸感、香氣和顏色對於人類的生命非常重要。金牛座是徹底明白這一切的星座。

金牛座名言

金牛座的文學評論家喬治・史坦納在以莎士比亞主題的論文中，討論莎士比亞作品中如同滲透於人類五感般的豐富表現，同時評論現代的語言表現：

「現代都會的大眾語言和石頭與花朵的名字無緣，也無法親密地表現麵包的做法。我們的確在進行『傳達』（commute）。但是我們傳達的方式並非透過自己的雙手，而是抽象的事物，因此無法形成『共同體』（community）。」

（《語言與沉默》，Serica書房／喬治・史坦納／由良君美等人譯）

身爲猶太人的他在評論時，著重於個人的親身體驗如何與「文學」結合。第二次世界大戰時，他的父母遭到親人殘殺。這項恐怖的體驗直接影響他的文學評論活動。

「〈之後〉出現的我們明白所謂的人類可以在傍晚閱讀歌德與里爾克，演奏巴哈和舒伯特，白天卻能在奧斯威辛集中營執行一天的工作。」

（《語言與沉默》，Serica書房／喬治・史坦納／由良君美等人譯）

喬治・史坦納進行文學評論的出發點在於，喜愛善良與藝術的人也能毫不懷疑地冷靜執行殘酷的「殘殺」行爲。他透過自己的親身經歷、殘殺兇手的體驗，加上描寫本性的文學，徹底地檢討人類的身體藉由五感所接受的感受和文學之間的連結。

透過喬治．史坦納的評論可以深刻感受，距離「五感」遙遠的語言表現其實是和人類的五感相互連結。他的評論就像研究語言根據何種身體經驗而出現，以及確認出發點位於人體的過程。

身體、生活。

五感所感受的「這個世界」和身體所啓動的「這個世界」。喬治．史坦納思想的出發點就在他的手邊。就在他的身體，就在他的生活之中。

喬治．史坦納嘗試連結坐在書桌前利用語言與邏輯所進行的「文學評論」與人類生活的物理條件的模樣，不禁令人聯想到想以聖母馬利亞的形象表現慈愛與保護的聖人路加。

金牛座與其他星座的人

「配對」向來是大受歡迎的話題。

大家也經常進行各種「鑑定」，例如「金牛座和天蠍座不合」、「不不不，其實眞正不合的是金牛座和射手座」等等。

但是我不覺得十二星座可以決定兩人是否相配。透過十二星座占星術所能思考的，應該是兩者價值觀和行爲模式的「共通點」和「相異點」。

兩者就算具有共通點也可能相處不來，然而兩者相異也可能形成互補關係。兩者過於相似，反而只看得見對方的缺點。如果無法理解相異點，兩人可能會變得水火不容。狗有狗的個性，猴子有猴子的個性。（譯註：日文習慣以「犬猿之仲」形容兩人關係水火不容。）如果能瞭解與活用個性的差異，就能改變兩人之間的關係。

和**牡羊座**相較，金牛座的悠哉非常顯眼。

金牛座的人可能無法理解，牡羊座只有停下腳步悠哉地游移和全力衝刺兩種極端的行爲模式；牡羊座習慣自己決定和率先行動，金牛座的人多半被動，習慣接受。但是牡羊座和金牛座有一項共通點——「單純」。喜歡直接單純的結構，表裡一致的個性非常相似。只要雙方可以瞭解彼此速度不一，就能成爲互補缺點的夥伴。

雙子座和金牛座也差異甚鉅。

擅長觀察的雙子座很快就能發現金牛座的步調，配合金牛座行動。但是金牛座可能會對雙子座的人感到不安，因爲無法理解對方為何不斷改變注意的對象。他們需要知道雙子座的變化才是「安定」，當金牛座無法選擇時，雙子座的人可以告知他們如何輕鬆地解決這個問題。

巨蟹座和金牛座具有一項有趣的共通點——膽小。

對於兩個喜歡習慣的環境與安心的星座而言，只要「喜歡的環境」一致就能成為無可取代的好朋友。但是巨蟹座心靈非常容易受傷。金牛座無法馬上發覺巨蟹座的情感變化，容易導致巨蟹座累積壓力。然而如果巨蟹座的情緒起伏激烈，金牛座也會因此而感受到壓力；如果能瞭解彼此的特徵，就能建立互相體諒的友好關係。

獅子座和金牛座的共通點是「厭惡變化」。

因此如果兩人感情好，就能一直維持相同的關係。兩者都具備堅強的意志，不會輕易改變意見，清楚明瞭自己的目的。因此兩者應該容易互相瞭解。但是獅子座注重「外表」，金牛座在意「內容」。雙方都十分頑固，不願退讓。如果因爲這項價值觀的差異而引發爭執，會變得非常麻煩。事先確認雙方所在意的部分，就毋須擔心踩到彼此的地雷。

處女座和金牛座的價值觀非常相似。

具備敏銳的感性，喜好與堅持也非常相近。但是雙方最大的差異在於處女座極度悲觀與愼重，金牛座則非常樂天與大方。處女座因爲在意細節而不停改變做法，願意嘗試任何方法。但是金牛座幾乎不會改變做法。絕不動搖的節奏與價值觀對於處女座的人而言，是了不起的支柱。如果能多注意處女座是否不安，雙方的關係應該會更加完美。

天秤座和金牛座都是受到金星支配的星座。

因此兩者的共通點是受到美、愛與歡樂所支持的星座。但是兩者認知的美的構造不同。金牛座的美是絕對之美，強調主體是否美麗與偉大。天秤座的美在於平衡、完成度與搭配。如果以餐點比喻，金牛座是徹底享受每一道料理，天秤座是評斷套餐整體的平衡。如果雙方能夠理解這項差距，可以成爲美學的最佳搭檔。

天蠍座和金牛座在心底隱藏了相同的力量——「貪心」。

兩者都極度渴望將有價物品收歸己有，強烈的欲望串起兩人之間的關係。但是雙方具有奇妙的差異。金牛座基本上喜歡全新的物品，天蠍座卻喜歡二手貨或古董。此外，金牛座會毫不吝惜地展現自己所有的物品，天蠍座卻習慣「隱藏」戰利品。如果能夠理解這項差異，雙方可以組成節奏相同的良好搭檔。

射手座和金牛座個性迥然不同。

射手座喜歡自由、變化與旅行，深受危險不安的環境所吸引。對於喜愛安定的金牛座而言，也許是非常不可思議的存在。射手座的人認為改變預定和收回意見一點也不奇怪，金牛座卻會因此而深感不安。射手座的人熱情浪漫，金牛座可能會覺得「有些害羞」。雖然雙方差異甚鉅，卻經常莫名受到吸引。如果要說雙方有哪裡相似，就是樂觀的天性。金牛座雖然膽小，卻也具備「總是有辦法」的樂觀。這種「總是有辦法」的開朗個性類似射手座的樂觀。

摩羯座和金牛座是非常穩重的組合。

摩羯座的行動力與計畫能力，搭配金牛座縝密的執行能力，形成完美的互補關係。摩羯座和金牛座都是土象星座，敏銳的感性和物質方面的價值觀都十分相似。然而正因爲共通點衆多，容易產生同性相斥的情感。不過只要在一起就會覺得相處愉快，反而難以更換對象。兩人是一同前進的時候也步伐相同的好搭檔。

水瓶座和金牛座的共通點是重視自己的步調。

雙方的方針都是做自己所接受的事情，花時間做到自己滿意爲止；不會突然加快腳步，比起觀察氣氛更擅長自行創造氣氛。因爲相信自己的判斷，發生爭執時也會非常激烈。但是雙方就算大吵一架也不會因此懷恨在心，非常不可思議。兩人之間的關係悠然開朗，就算吵架也不會留下疙瘩。

雙魚座的人和金牛座的人之間是互相接納的柔軟關係。

但是雙方大多時候都覺得是「自己接納對方」。金牛座能夠忍耐雙魚座的情緒起伏和隨性，雙魚座也能寬容對待金牛座的頑固和悠哉。因此雙方吵架時多半是因爲覺得「淨是自己在忍耐對方」。如果能夠明白對方也在接納自己，兩人就不會爭吵。

理解金牛座的人

重視金牛座的人應該能夠瞭解你的步調。如果對方會催促你或是逼你前進，表示對方也許並不瞭解你眞正的優點。你獨自的步調和賦予時間與空間生命的節奏，就是你最大的魅力，也是你的個性。

想要知道對方和你是否合適，應該憑你的感覺而非頭腦思考。和對方在一起的時候，你舒服嗎？以布料的觸感和氣味比喻的話，和對方在一起是什麼感覺呢？如果腦中浮現觸摸柔軟布料的舒適觸感，鼻尖傳來芬芳的香氣，對方應該就是眞正瞭解你的人。

此外，你是非常純粹又正直的人。對方如果想欺騙或嘲笑你，你應該一開始就和對方合不來。

重視你的人應該喜歡你的節奏和感性。對方重視你所愛的事物正如你一樣；也能理解你的心靈不只在你的胸口，同時也位於你的雙手、頭髮、衣物、所有物、家具，甚至是你所栽種的盆栽當中。

金牛座的小孩

如果母親與小孩的個性截然不同，可能會造成母親不安或是不斷否定批判孩子。因此瞭解母親與孩子個性的差異有其必要性。但是依靠占星術瞭解孩子並非好事，可能會造成無意間將小孩的可能性、個性與適性定型。我其實不贊成透過觀察小孩現狀以外的方式分析「孩子爲何種人」。

此外，占星術認爲分析小孩的個性不是藉由太陽星座，而是根據月亮或是金星星座。母親的月亮星座經常反映在孩子身上。星座命盤當中，「月亮星座」同時象徵「母親」與「童年」。

希望大家瞭解上述的前提之後，再來閱讀以下關於金牛座的孩子容易出現的傾向。請大家瞭解下述的說明可能有一部分符合，也有可能完全不符合。每個孩子都有自己的個性。希望大家能夠明白孩子的個性不是光憑占星術就能瞭解。

金牛座的小孩非常依照自己的步調行事。

他們的好惡分明，可能對於自己厭惡的事情看也不看一眼。由於味覺敏感又保守，因此可能很偏食。

金牛座的小孩會花很多時間做自己的事情。凡事一定要做到完美才滿意，喜歡的事情就會一直做下去。重視平衡或是協調的母親，可能會對於金牛座重視自己的步調與頑固感到不安。但是對於金牛座的孩子而言，花時間鍛鍊五感和累積經驗非常重要。

美麗的事物、舒適的觸感和美味的食物等刺激五感的行爲，會令他們非常高興。大多數金牛座的孩子會在很小的時候，就展露對於運動、芭蕾和音樂的興趣。色彩的感覺敏銳，觸覺也十分敏感。繪畫之於他們也是日常生活中非常愉快的行為。

任何事情都要花時間做到自己滿意爲止，對於金牛座的小孩而言非常重要。此外，擅長忍耐的他們容易累積壓力。就算看起來沒事，也可能內心非常寂寞或悲傷，母親必須給予他們得以安心的肢體接觸。

未來

這裡稍微說明由金牛座所看到的「今後」。

二〇一二年到二〇一四年的重點在於一對一的關係。此時出現的主題是花時間建立關係。許多金牛座的人應該會在這段期間認真思考人際關係，作出關於婚姻等重要的決定。

二〇一五年夏季到二〇一六年會受惠於美好的愛，二〇一七年秋天到二〇一八年會有良好的人際關係。

二〇二〇年左右會出現大好機會，金牛座的人應該會在此做出影響人生的決定。這十年來對於金牛座的人而言，可說是朝二〇二〇年的挑戰而努力的期間。改變人生的時期正在二〇二〇年等待金牛座的人。

結語

我不知道占星術是否準確。

有人覺得準，也有人覺得不準。至少占卜缺乏任何科學根據。

我雖然書寫占卜類的書籍，但是問我「是否相信占卜」，我會回答：「我不相信。」

因爲沒有任何值得相信的理由。

但是占卜自古以來一直存在於人類身邊，相信大家小時候都曾踢鞋子預測明天的天氣（譯註：一種日本人預測天氣的遊戲，正面代表晴天，底部代表雨天，橫躺表示陰天。）或摘花瓣猜測對方的心意。

人的心分爲三個「世界」。

一個是「已知的世界」，另一個是「未知但是總有一天會瞭解的世界」，最後則是「絕對無法得知的世界」。

「科學的思考」支配現代的社會，否定第三種世界。因爲現代人相信只要科學發達、反覆鑽研，總有一天能夠瞭解全世界。

可是人心直到今日依舊對於「絕對無法得知的世界」抱持敬畏，相信它的存在。這個世界裡居住了精靈、亡者、妖怪、妖精、惡龍與法師。這種想法使得就算是具備科學思考能力的人，也會舉行上梁儀式與新年參拜等具備魔法意味的儀式。

占星術也是屬於妖精世界的行爲。

妖精是不屬於現實的存在，不具生產性也不科學。可是我們的心靈依舊追求妖精，妖精也會利用不可思議的魔法施予我們爲了生存所需的力量。

占星術是「妖精的法術」，也是當你覺得有些疲倦時能爲心靈帶來美好的魔法。

太陽星座查詢表

（1930 年～ 2013 年／台灣時間）

太陽進入金牛座的時間整理如下。
在此時間以前爲牡羊座，在此時間之後爲雙子座。

誕生年	進入金牛座的時間
1948	4/20 12:25~5/21 12:56
1949	4/20 18:17~5/21 17:49
1950	4/20 23:58~5/21 23:25
1951	4/21 05:47~5/22 05:14
1952	4/20 11:35~5/21 11:01
1953	4/20 17:24~5/21 16:50
1954	4/20 23:19~5/21 22:45
1955	4/21 04:58~5/22 04:23
1956	4/20 10:44~5/21 10:12
1957	4/20 16:41~5/21 16:09
1958	4/20 22:27~5/21 21:50
1959	4/21 04:16~5/22 03:40
1960	4/20 10:05~5/21 09:32
1961	4/20 15:55~5/21 15:20
1962	4/20 21:51~5/21 21:15
1963	4/21 03:36~5/22 02:57
1964	4/20 09:27~5/21 08:49
1965	4/20 15:26~5/21 14:50

誕生年	進入金牛座的時間
1930	4/21 04:05~5/22 03:40
1931	4/21 09:40~5/22 09:14
1932	4/22 15:28~5/21 15:05
1933	4/20 21:18~5/21 20:55
1934	4/21 03:00~5/22 02:33
1935	4/21 08:50~5/22 08:23
1936	4/20 14:30~5/21 14:05
1937	4/20 20:18~5/21 19:54
1938	4/21 02:14~5/22 01:48
1939	4/21 07:55~5/22 07:25
1940	4/20 13:50~5/21 13:21
1941	4/20 19:51~5/21 19:22
1942	4/21 01:38~5/22 01:07
1943	4/21 07:31~5/22 07:01
1944	4/20 13:16~5/21 12:48
1945	4/20 19:06~5/21 18:38
1946	4/21 01:01~5/22 00:32
1947	4/21 06:39~5/22 06:07

誕生年	進入金牛座的時間
1990	4/20 16:27~5/21 15:37
1991	4/20 22:08~5/21 21:20
1992	4/20 03:56~5/21 03:11
1993	4/20 09:49~5/21 09:00
1994	4/20 15:37~5/21 14:48
1995	4/20 21:23~5/21 20:34
1996	4/20 03:11~5/21 02:24
1997	4/20 09:04~5/21 08:18
1998	4/20 14:57~5/21 14:06
1999	4/20 20:46~5/21 19:52
2000	4/20 02:39~5/21 01:48
2001	4/20 08:35~5/21 07:43
2002	4/20 14:21~5/21 13:29
2003	4/20 20:04~5/21 19:13
2004	4/20 01:50~5/21 00:59
2005	4/20 07:38~5/21 06:47
2006	4/20 12:31~5/21 13:26
2007	4/20 19:07~5/21 18:11
2008	4/20 00:50~5/21 00:00
2009	4/20 06:44~5/21 05:50
2010	4/20 12:31~5/21 11:34
2011	4/20 18:19~5/21 17:21
2012	4/20 00:13~5/20 23:16
2013	4/20 06:04~5/21 05:10

誕生年	進入金牛座的時間
1966	4/20 21:11~5/21 20:31
1967	4/21 02:55~5/22 02:17
1968	4/20 08:40~5/21 08:04
1969	4/20 14:26~5/21 13:48
1970	4/20 20:15~5/21 19:36
1971	4/21 01:54~5/22 01:14
1972	4/20 07:37~5/21 06:58
1973	4/20 13:30~5/21 12:53
1974	4/20 19:18~5/21 18:34
1975	4/21 01:07~5/22 00:22
1976	4/20 07:02~5/21 06:19
1977	4/20 12:56~5/21 12:12
1978	4/20 18:50~5/21 18:07
1979	4/21 00:36~5/21 23:53
1980	4/20 06:23~5/21 05:42
1981	4/20 12:18~5/21 11:39
1982	4/20 18:07~5/21 17:22
1983	4/20 23:50~5/21 23:05
1984	4/20 05:37~5/21 04:56
1985	4/20 11:25~5/21 10:41
1986	4/20 17:12~5/21 16:27
1987	4/20 22:58~5/21 22:09
1988	4/20 04:46~5/21 03:57
1989	4/20 10:39~5/21 09:53

命理與人生
CBC0133

認識眞正的你—金牛座

作者—石井緣
繪者—須藤碧悟
譯者—陳令嫻
責任編輯—楊佩穎
台灣版美術設計—徐小碧
校對—楊佩穎、李曉娣
執行企劃—張燕宜、林倩聿
董事長—趙政岷
總經理
總編輯—余宜芳

認識眞正的你—金牛座 / 石井緣著；陳令嫻譯. -- 初版. -- 臺北市：時報文化, 2014.10
面；　公分. --（命理與人生；CBC0133)
ISBN 978-957-13-6044-7（精裝）

1. 占星術

292.22　　103015288

出版者—時報文化出版企業股份有限公司
（一〇八〇三）台北市和平西路三段二四〇號四樓
發行專線—（〇二）二三〇六—六八四二
讀者服務專線—〇八〇〇—二三一—七〇五
（〇二）二三〇四—七一〇三
讀者服務傳眞—（〇二）二三〇四—六八五八
郵撥—一九三四四七二四時報文化出版公司
信箱—台北郵政七九～九九信箱
時報悅讀網—www.readingtimes.com.tw
電子郵件信箱—ctliving@readingtimes.com.tw
時報出版臉書—https://www.facebook.com/readingtimes.fans
時報出版生活線臉書—http://www.facebook.com/ctgraphics
法律顧問—理律法律事務所　陳長文律師、李念祖律師
印刷—盈昌印刷有限公司
初版一刷—二〇一四年十月九日
定價—新台幣二二〇元
行政院新聞局局版北市業字第八〇號

Taurus

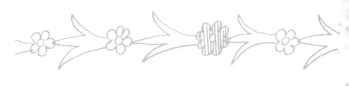